RAZAS DE CABALLOS FAVORITOS

CABALLOS CUARTO DE MILLA AMERICANOS

por Cari Meister

AMICUS | AMICUS INK

Amicus High Interest y Amicus Ink están publicados por Amicus
P.O. Box 1329, Mankato, MN 56002
www.amicuspublishing.us

Información del catálogo de publicaciones de la biblioteca del congreso
Names: Meister, Cari, author.
Title: Caballos cuarto de milla americanos / by Cari Meister.
Other titles: American quarter horses. Spanish
Description: Mankato, Minnesota : Amicus High Interest/Amicus Ink, [2019] | Series: Razas de caballos favoritos | Audience: K to Grade 3. | Includes index.
Identifiers: LCCN 2018001756 | ISBN 9781681516110 (library binding)
Subjects: LCSH: Quarter horse--Juvenile literature. | Horse breeds--Juvenile literature.
Classification: LCC SF293.Q3 M4518 2019 | DDC 636.1/33--dc23
LC record available at https://lccn.loc.gov/2018001756

Créditos de imágenes: Lenkadan/Shutterstock cubierta, 22; Juniors Bildarchiv GmbH/Alamy Stock Photo 2, 24; Cultura Creative/Alamy Stock Photo 5; Mary Evans Picture Library 6-7; rhyman007/Getty 8-9; Zuzule/iStock 10; mg7/iStock 13; dgphotography/iStock 14; cgbaldauf/iStock 16-17; Rocky Mountain College 18; Carol Walker/Minden 20-21

Editora: Wendy Dieker
Diseñador: Veronica Scott
Investigación fotográfica: Holly Young

Impreso en China

HC 10 9 8 7 6 5 4 3 2 1

TABLA DE CONTENIDO

Un caballo familiar 4

Un robusto caballo de trabajo 7

Corredor de cuarto de milla 8

Muchos colores 11

Un pelo cambiante 12

Estrella del rodeo 15

Trabajador de rancho 16

Calmo y amistoso 19

El más popular 20

¿Cómo sabes que es un caballo cuarto de milla? 22

Palabras que debes conocer 23

Índice 24

UN CABALLO FAMILIAR

Un caballo se para en silencio. El caballo ama a su familia. Ellos lo cepillan. Le levantan las patas. El caballo es calmado. Es gentil. Es un caballo cuarto de milla americano.

UN ROBUSTO CABALLO DE TRABAJO

Los pueblos originales usaban caballos para el trabajo agrícola. Necesitaban un caballo robusto. Entonces cruzaron caballos españoles con ingleses. Y obtuvieron un buen caballo de trabajo.

CORREDOR DE CUARTO DE MILLA

¡Cuidado! ¡El caballo cuarto de milla es muy rápido! Recibió su nombre porque corría un cuarto de milla (402 m) muy rápidamente. Era más rápido que cualquier otra raza.

¿Sabías?

Los caballos cuarto de milla todavía ganan carreras de caballos. ¡Este caballo puede correr a una velocidad de hasta 55 millas (88.5 km) por hora!

MUCHOS COLORES

La capa del caballo cuarto de milla puede ser de muchos colores. El color más común es **alazán**. Los caballos alazán son de color cobre-rojizo. Otros colores son negro, gris o **bayo**.

¿Sabías?

Muchos caballos cuarto de milla tienen marcas de estrellas blancas en sus cabezas.

UN PELO CAMBIANTE

Nace un bebé caballo cuarto de milla. Es una hembra y se le llama **potranca**. Su capa es vellosa. Pronto la mudará. Su nueva capa podría ser de un color diferente.

ESTRELLA DEL RODEO

Los caballos cuarto de milla son fuertes. Son caballos de grandes músculos. Corren velozmente y giran rápidamente. Se desempeñan bien en los **eventos de lazos** en un **rodeo**.

TRABAJADOR DE RANCHO

Un caballo cuarto de milla trabaja en un rancho. Ayuda a los rancheros a arrear el ganado. El caballo parece saber a dónde irán las vacas. Puede trabajar duro todo el día.

¿Sabías?

Los caballos cuarto de milla son especialmente buenos para separar el ganado. Pueden aprender a separar a una vaca de su rebaño.

TROXEL
ROCKY
18
78
BEA

CALMO Y AMISTOSO

Los caballos cuarto de milla son amigables. Son calmados. Son buenos para los jinetes principiantes. A veces ayudan a los niños con necesidades especiales.

EL MÁS POPULAR

Los caballos cuarto de milla son la **raza** más popular en los Estados Unidos. ¡Estos caballos inteligentes y rápidos son buenos para muchas cosas!

¿CÓMO SABES QUE ES UN CABALLO CUARTO DE MILLA?

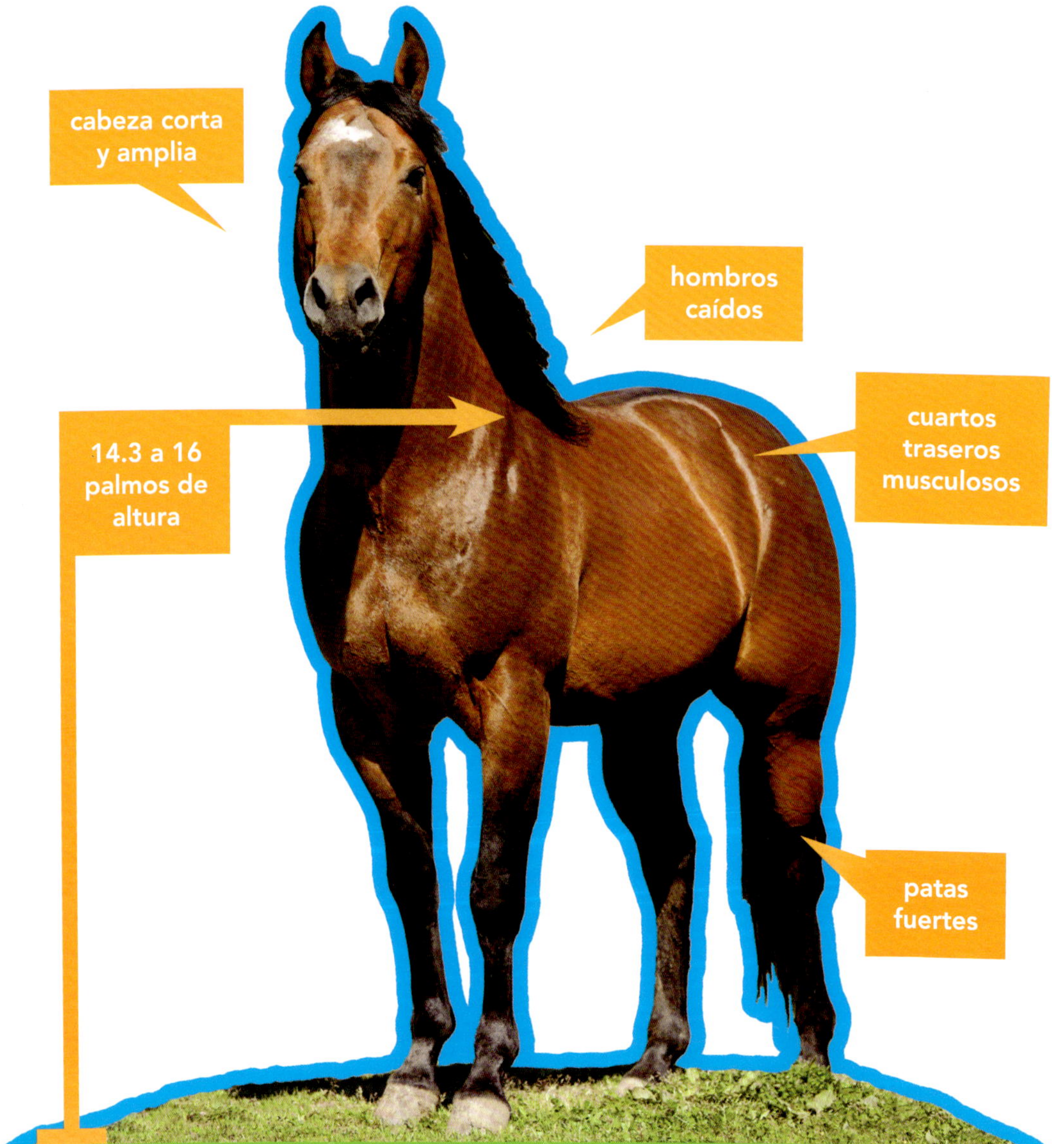

PALABRAS QUE DEBES CONOCER

alazán – un color de caballo rojizo y con el mismo tono o más claro en la cola y la crin.

bayo – color de caballo que es marrón y con la crin, la cola, las orejas y las patas negras.

evento de lazos – una competencia donde la gente trata de atrapar animales con un lazo, yendo montados a caballo.

potro – un caballo bebé.

raza – un tipo particular de caballo que tiene las mismas características que los demás.

rodeo – una competencia de caballos del oeste, donde jinetes y caballos muestran sus habilidades para el manejo del ganado.

separar ganado – sacar una vaca de un rebaño y mantenerla separada.

ÍNDICE

carrera 8
colores 11, 12

historia 7

marcas 11

potros 12

rodeo 15

tamaño 22
temperamento 4, 19, 20
trabajo de rancho 16